Gramática

AUTORES
M.ª Teresa Bouza Álvarez
José Manuel González Bernal
Ana Lahera Forteza
Alicia Romeu Rodríguez

ASESORÍA Y REVISIÓN TÉCNICA
Antonio Quilis

CUADERNOS

3º

Secundaria

Lengua castellana y Literatura

Oxford
EDUCACIÓN

Índice de contenidos

1 El texto y la oración

Reconocimiento de oraciones y de textos

- El **texto** es la **unidad máxima de comunicación.** Puede estar **constituido** por **una sola palabra** o por una **agrupación de palabras** que transmiten un **mensaje completo.**
- Reconocemos las **oraciones** de un **texto** porque terminan en una **pausa,** que se marca con un **silencio** en el **habla** y con un **punto** en la **escritura.**

Se dirigió al Café Orquídea, que estaba allí a dos pasos, pasada la carnicería, y se sentó a una mesa, pero dentro del local, porque por lo menos tenían ventiladores, visto que fuera no se podía ni estar a causa del bochorno. Pidió una limonada. Fue al servicio. Se mojó la cara y las manos. Hizo que le trajeran un cigarro. Pidió el periódico de la tarde y Manuel, el camarero, le trajo precisamente el Lisboa. *No había visto las pruebas aquel día por lo que lo hojeó como si fuera un periódico desconocido. Leyó en la primera página: «Hoy ha salido de Nueva York el yate más lujoso del mundo». Pereira se quedó mirando durante un rato el titular, después miró la fotografía. Era una imagen que retrataba a un grupo de personas en camisa y canotié que descorchaba botellas de champán. [...]*

Sostiene Pereira que aquella vez se olvidó de pagar. Se levantó despreocupadamente, o más bien sin pensárselo. Se marchó, sencillamente, y sobre la mesa dejó el periódico y su sombrero, quizá porque con aquel bochorno no tenía ganas de ponérselo en la cabeza, o porque así era él, de esos que se olvidan las cosas.

Antonio TABUCCHI
Sostiene Pereira, Anagrama

1 **¿Cuántas oraciones componen el último párrafo del texto de Antonio Tabucchi? Justifica tu respuesta.**

2 **Separa el sujeto y el predicado de las siguientes oraciones y rodea sus núcleos:**

a) Manuel, el camarero, le trajo precisamente el *Lisboa.*

b) Hoy ha salido de Nueva York el yate más lujoso del mundo.

c) Un grupo de personas descorchaba botellas de champán.

d) Él pidió una limonada.

3 **Explica las diferencias entre el fragmento de Tabucchi y el siguiente. ¿Cuál de ellos constituye un texto?**

Hoy ha salido de Nueva York el yate más lujoso del mundo. Se mojó la cara y las manos. Descorchaban botellas de champán porque por lo menos tenían ventiladores. No tenía ganas de ponérselo en la cabeza.

Aplicación

4 **Separa el sujeto y el predicado de las siguientes oraciones:**

- Los niños iban al jardín del gigante.
- Los transgresores serán procesados judicialmente.
- Un día el gigante regresó.
- Les gritó el gigante con voz agria.
- El jardín era grande y hermoso.
- Desde ahora, este es vuestro jardín.
- En el jardín del gigante egoísta continuaba el invierno.
- ¿Qué hacéis aquí vosotros?
- A los niños no les gustaba la carretera.
- Entonces llegó la primavera.
- Por una brecha abierta en el muro los niños habían entrado en el jardín.
- La primavera se ha olvidado de este jardín.
- Los árboles florecieron inmediatamente.

5 **Enlaza todas las oraciones de la actividad anterior de manera que formen un texto. Puedes añadir las palabras que necesites.**

2 Palabras y sintagmas

Clases de palabras y tipos de sintagmas

- La **palabra** es una **unidad con significado** que, combinada con otras, permite la **comunicación verbal.**
- Las **palabras** pueden ser **variables** (artículos, sustantivos, adjetivos, pronombres y verbos) o **invariables** (preposiciones, conjunciones, adverbios e interjecciones).
- El **sintagma** es un **conjunto de palabras** que realizan la **misma función** dentro de la **oración.**
- Según qué clase de palabra desempeña la función de **núcleo,** los sintagmas se clasifican en **sintagmas nominales, verbales, adjetivales** y **adverbiales.**

Cuando cumplí diez años, mi padre se acordó de la promesa que me había hecho el año antes y me llevó a León. Fuimos un sábado por la mañana en el coche de línea de las ocho, y volvimos por la tarde cargados de regalos y de paquetes para mi madre, y yo, lleno de una extaña confusión. Era la primera vez en mi vida que veía una ciudad.

Del viaje, lo único que recuerdo, como del día en que mi hermano se fue a estudiar a Madrid, es el olor de la gasolina y el destello azul del cielo cuando doblamos la collada de Sotillos y el horizonte se combó delante de nosotros, hacia la lejanía de las montañas, como si fuese el océano. Y, también, el olor de los churros calientes que mi padre le compró a una mujerina que subió al coche de línea cuando este paró en Boñar. Pero de lo que vi en León —de lo que vi y de lo que soñé— guardo un recuerdo tan nítido que, si volviera, podría hacer de nuevo el mismo recorrido que aquel día hicimos mi padre y yo.

Julio LLAMAZARES
Escenas de cine mudo, Seix Barral

1 **Indica a qué clase de palabras pertenecen los términos subrayados en el texto de Julio Llamazares:**

SUSTANTIVOS	PRONOMBRES	ADJETIVOS DETERMINATIVOS	ADJETIVOS CALIFICATIVOS

VERBOS	ADVERBIOS	PREPOSICIONES	CONJUNCIONES

2 **Subraya el núcleo de los siguientes sintagmas e indica de qué clase son:**

- lleno de una extraña confusión →
- delante de nosotros →
- cargados de regalos →
- una extraña confusión →
- el destello azul del cielo →
- cumplí diez años →
- un sábado por la mañana →
- se acordó de la promesa →

Aplicación

3 Clasifica las palabras según sean variables o invariables y escribe al lado de cada una la clase a la que pertenece:

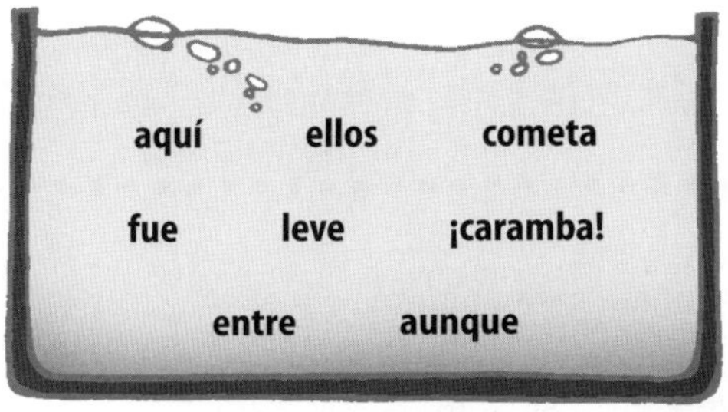

PALABRAS VARIABLES	PALABRAS INVARIABLES

4 Construye oraciones que respondan a los siguientes esquemas:

a) Artículo + sustantivo + sustantivo + verbo en pretérito imperfecto de indicativo + adverbio

b) Pronombre + verbo en pretérito pluscuamperfecto de indicativo + adverbio + adjetivo calificativo

c) Preposición + adjetivo determinativo + sustantivo + verbo en presente de indicativo + artículo + sustantivo + preposición + adjetivo determinativo + sustantivo

d) Adjetivo determinativo + sustantivo + verbo en pretérito perfecto simple + adverbio + adverbio

5 Localiza ejemplos de los siguientes tipos de sintagmas en las oraciones que has creado en la actividad anterior:

a) Sintagma nominal. ➜

b) Sintagma adjetival. ➜

c) Sintagma adverbial. ➜

6 Construye ahora oraciones con las siguientes estructuras:

SN + SV SN

SN + SV S Adj

SN + SV S Adv + S Adj

SN + SV S Adv + SN

SN + SV S Adv + S Adv

3 La oración simple

Sustantivos y verbos

- El **sustantivo** o **nombre** es aquella **palabra** que sirve para **designar seres, objetos** o **ideas.**
- El **sustantivo** puede expresar **género** (femenino o masculino) y **número** (singular o plural).
- El **verbo** es la **palabra** que **designa acciones** o **estados** y señala, a la vez, **tiempo.** Además, el verbo expresa **número, persona** y **modo.**

Mucho tiempo había mantenido secreto aquel deseo. Un día, con la mimosa cortedad de un niño que pide una golosina puesta, como en un altar, en los más altos anaqueles del armario, el abuelo tartamudeó su capricho. Él nunca había visto un tren. No quería morirse sin verlo. La hija y el yerno rieron buenamente de aquella locura. El pobre viejo, no cabía duda, estaba ya un poco ido. ¡Pasaba la vía tan lejos! Y además, ¿qué demonios le importaba a sus años ver el tren? En cambio el nieto se puso de parte del abuelo. Y golpeó testarudo con los zuecos en la tierra. ¡Yo quiero ver el tren! ¡Yo quiero ver el tren! [...]

Y así pusieron en el carro un montón de paja como asiento del viejo, metieron en el cesto una abundante merienda, y por la mañana se pusieron en camino, hasta llegar al ignorado y desolado apeadero donde aguardaban inquietos el milagro.

¡Oh! ¡Allí venía ya el tren, una ringlera de monstruos bien mandados, con el alto capitán de hierro al frente! ¡Crecía, crecía!

Rafael DIESTE
«El viejo que quería ver el tren», en *De los archivos del trasgo*, Austral

1. **Rodea los sustantivos y subraya las formas verbales que aparecen en el texto de Rafael Dieste.**

2. **Completa el cuadro con los determinantes del texto, indicando el sustantivo al que acompañan:**

DETERMINANTES	
Artículos	Adjetivos determinativos

3. **Analiza las siguientes formas verbales del texto, según se indica en el cuadro:**

FORMA VERBAL	PERSONA	NÚMERO	TIEMPO	MODO
había mantenido				
pide				
rieron				
aguardaban				

Sintagmas nominales y sintagmas verbales

➜ El **núcleo (N)** del **sintagma nominal (SN)** es un **sustantivo** o **pronombre.** El sintagma nominal puede desempeñar **diversas funciones** en la **oración,** entre ellas las de **sujeto.**

➜ El **núcleo (N)** del **sintagma verbal (SV)** es un **verbo.** En la oración, el sintagma verbal cumple siempre la **función** de **predicado.**

4 **Indica de qué tipo son los siguientes sintagmas y señala su núcleo. Fíjate en el ejemplo:**

■ esa lejana promesa (Sust (N)) ➜	**Sintagma nominal**	■ extremadamente feliz ➜	
■ una corbata roja ➜		■ París, capital de Francia ➜	
■ lleno de buenos libros ➜		■ bastante simpático ➜	
■ debajo de la mesa ➜		■ anda despacio ➜	
■ vivo en Madrid ➜		■ antes de aquel encuentro ➜	
■ harto de sus tonterías ➜		■ nosotros ➜	
■ aquellas tres hermanas ➜		■ la puerta de servicio ➜	
■ delante de la puerta ➜		■ tiene la gripe ➜	
■ el ayudante del doctor ➜		■ lejos de casa ➜	

5 **Crea sintagmas en los que cada una de las siguientes palabras funcione como núcleo. Di, además, de qué clase de sintagmas se trata:**

meses		Clase de sintagma ➜
compré		Clase de sintagma ➜
disco		Clase de sintagma ➜
escribo		Clase de sintagma ➜
hogar		Clase de sintagma ➜
he visto		Clase de sintagma ➜

Los constituyentes de la oración

→ Los **constituyentes inmediatos** de la **oración** son el **sintagma nominal sujeto (S)** y el **sintagma verbal predicado (P).**

→ Los **núcleos** de ambos sintagmas **concuerdan** en **número** (singular o plural) y en **persona** (primera, segunda o tercera).

6 **Separa el sujeto y el predicado de estas oraciones e indica sus núcleos:**

a) Mis compañeros de clase están en el patio.

b) ¿Llamó alguien a nuestra casa?

c) Me impresionó su penetrante mirada.

d) Dame el paraguas.

e) Había mucha gente en la fiesta.

f) ¡Cuánto bailamos anoche!

g) ¿Llegaron a tiempo los participantes de la carrera?

h) A mi tío lo han operado del corazón.

i) Quizá sea cierta la relación entre ambos.

j) Eso me lo han preguntado muchas personas.

k) Después del paseo me dolían las piernas.

l) Ojalá nieve en la sierra.

7 **Algunas oraciones de la actividad 6 carecen de sujeto, es decir, son impersonales. Di cuáles son.**

8 **Analiza sintácticamente estas oraciones:**

a) El perro de los vecinos ladró furioso.

b) El viaje ha sido organizado por el grupo.

c) He escrito una carta esta mañana.

9 **Completa el siguiente cuadro con oraciones de la actividad 6:**

ORACIÓN ENUNCIATIVA	ORACIÓN INTERROGATIVA	ORACIÓN EXCLAMATIVA	ORACIÓN DUBITATIVA	ORACIÓN IMPERATIVA	ORACIÓN DESIDERATIVA

Aplicación

Graciela puso punto final al informe sobre el segundo semestre. Respiró profundamente antes de sacar de la máquina eléctrica el original con siete copias. Ya no quedaba nadie en la oficina. Había trabajado tres horas extras. No para cobrarlas, sino porque el jefe estaba en un apuro y era buena gente y mañana vencía el plazo para la entrega del informe sobre el segundo semestre.

Juntó la última hoja con las treinta y tres restantes. Mañana a primera hora distribuiría original y copias en ocho carpetas. Ahora estaba demasiado cansada. Dejó todo en el segundo cajón, puso la cubierta de plástico sobre la máquina de escribir y se miró las manos, sucias del carbónico negro.

Entró un momento al baño, se lavó concienzudamente las manos, se peinó, pasó el lápiz labial sobre el color anterior, ya desvaído y reseco, se contempló en el espejo sin sonreírse a sí misma, pero alzó levemente las cejas como interrogándose o cuestionándose o simplemente para comprobar el grado de su fatiga. [...] Cuando se abrió la puerta del ascensor, se sorprendió. No esperaba encontrar a nadie y allí estaba Celia, también sorprendida.

—¿Quieres tomar un té?

—Un té exactamente no. Pero tal vez otra cosa, me vendrá bien después de mis treinta y cuatro páginas con siete copias.

—Así me gusta. ¡Viva la evasión!

Mario BENEDETTI
Primavera con una esquina rota, Edhasa

⑩ Clasifica los sustantivos que aparecen en el primer párrafo del texto de Mario Benedetti y subraya aquellos que desempeñen la función de sujeto en la oración.

	MASCULINO	FEMENINO
SINGULAR		
PLURAL		

⑪ Rodea todas las formas verbales personales que aparecen en el primer párrafo del texto.

⑫ Separa los constituyentes inmediatos de las siguientes oraciones e identifica sus respectivos núcleos:

a) Graciela entregó el informe a su jefe.

b) Respiró profundamente.

c) Había trabajado tres horas extras.

d) El jefe era buena gente.

e) Mañana vencía el plazo para la entrega.

f) Ahora estaba demasiado cansada.

g) Ella alzó levemente las cejas.

h) Se abrió la puerta del ascensor.

4 El sintagma nominal. El sujeto

El núcleo del sintagma nominal

- El **núcleo** del **sintagma nominal** (SN) es un **sustantivo**, un **pronombre** o una **palabra sustantivada.**
- La **sustantivación** de una palabra se produce mediante la **anteposición** de un **determinante.**

Uno de aquellos días compré un disco de Billy Swann en el que tocaba Biralbo. He dicho que soy más bien impermeable a la música. Pero en aquellas canciones había algo que me importaba mucho y que yo casi llegaba a apresar cada vez que las oía, y se me escapaba siempre. He leído un libro —lo encontré en el hotel de Biralbo, entre sus papeles y fotografías— donde se dice que Billy Swann fue uno de los mayores trompetistas de este siglo. En aquel disco parecía que fuera el único, que nunca hubiera tocado nadie más una trompeta en el mundo, que estaba solo con su voz y su música en medio de un desierto o una ciudad abandonada.

Antonio MUÑOZ MOLINA
El invierno en Lisboa, Seix Barral

1 **Clasifica los sustantivos que aparecen subrayados en el texto de Antonio Muñoz Molina en la siguiente tabla:**

SUSTANTIVOS COMUNES		SUSTANTIVOS PROPIOS
Concretos	Abstractos	

2 **Rodea los núcleos de estos sintagmas nominales y relaciónalos con las estructuras correspondientes:**

a) Un disco
b) Sus papeles
c) Una ciudad abandonada
d) Nadie
e) Aquellas canciones
f) El hotel

Pronombre →
Artículo + sustantivo →
Adjetivo determinativo + sustantivo →
Adjetivo determinativo + sustantivo + adjetivo calificativo →

3 **Clasifica los adjetivos determinativos que aparecen en la actividad anterior.**

Demostrativos	Posesivos	Numerales	Indefinidos

4 **Localiza en el texto de Antonio Muñoz Molina un ejemplo de palabra sustantivada.**

Estructura del sintagma nominal

→ El **núcleo** del **sintagma nominal** puede ir **acompañado** por los siguientes **complementos:**

- **Determinantes (D).** Realizan esta función los **artículos** y los **adjetivos determinativos.**
- **Adyacentes (Ady).** Desempeñan esta función los **adjetivos calificativos** y los **sintagmas** precedidos de **preposición.**

→ Además, el **núcleo** del **sintagma nominal** puede ir **modificado** por otro **sintagma nominal sin preposición,** que recibe el nombre de **aposición (Ap).** Esta puede ser **explicativa** (establece una **aclaración** y aparece **entre comas**) o **especificativa** (**selecciona** al sustantivo y **no aparece entre comas**).

5 **Subraya los sintagmas nominales de estas oraciones y rodea sus núcleos; indica en qué casos se trata de palabras sustantivadas:**

a) Analizaron la obra de Ana María Matute.

b) Vive en un ay.

c) Tiene muchos amigos.

d) Me gusta el verde.

e) Solo importa el aquí y el ahora.

f) Es su único hermano.

g) Aquellas mentiras resonaban en sus oídos.

h) Me gusta esa obra de Moratín.

i) «Soy un fue, un será y un es cansado» (Quevedo).

6 **Analiza la estructura de los siguientes sintagmas nominales:**

a) Un puñal florentino.

b) Adolfo, el director escénico.

c) El conde Ricci.

d) Algún lugar seguro.

e) Dos amigos de Pablo.

f) Bastantes oscuros secretos.

g) Mi mano derecha.

h) Aquellos dos temblorosos sujetos.

El sujeto

- El **sintagma nominal** desempeña, entre otras, la **función** de **sujeto** de la oración.
- En ocasiones, el **sujeto** está **elíptico** u **omitido**; en estos casos **se recupera** a partir de la **desinencia verbal.**
- Las **oraciones impersonales** son aquellas que **carecen de sujeto**.
- No debes confundir el **vocativo,** que es el **sintagma nominal** que **designa a quién va dirigido** el **mensaje** contenido en un enunciado, con el sujeto.

7 **Subraya todas las oraciones impersonales:**

a) Mañana caerá una intensa nevada.

b) ¿Ha habido muchos atascos estos días, Pedro?

c) Todo ha ocurrido esta mañana.

d) Nevará durante todo el invierno.

e) Se ha llamado por megafonía a los alumnos de 3°.

f) Ya es demasiado tarde.

g) Ayer granizó intensamente en toda la comarca.

h) Se lo entregué en mano.

i) ¿Has entregado las llaves?

j) No hay tiempo para eso.

k) Hoy hace dos años de aquel encuentro.

l) Se obsequiará a los asistentes con un reloj.

8 **Clasifica las oraciones impersonales de la actividad anterior en el siguiente cuadro:**

IMPERSONALES CON VERBOS REFERIDOS A LA METEOROLOGÍA	IMPERSONALES CON *HABER, HACER, SER* EN 3.ª PERSONA DEL SINGULAR	IMPERSONALES CON *SE*

9 **¿En qué oración de la actividad 7 aparece un vocativo?**

10 **Separa el sujeto y el predicado de las siguientes oraciones, rodea sus núcleos y analiza la estructura del sintagma nominal sujeto en los casos en los que esté expreso:**

a) El día amaneció despejado.

b) Ya se ha tomado esa decisión.

c) Llovieron millones en la lotería.

d) Se ha nublado el día.

e) Cuentan esa historia desde hace siglos.

f) Perdí el último tren.

Aplicación

No había nadie en la estación. Del otro lado de la calle, en la acera sombreada por los almendros, solo estaba abierto el salón de billar. El pueblo flotaba en el calor. La mujer y la niña descendieron del tren, atravesaron la estación abandonada, cuyas baldosas empezaban a cuartearse por la presión de la hierba, y cruzaron la calle hasta la acera de sombra.

Era casi la una. A esa hora, agobiado por el sopor, el pueblo hacía la siesta. Los almacenes, las oficinas públicas, la escuela municipal, se cerraban desde las once y no volvían a abrirse hasta un poco antes de las cuatro, cuando pasaba el tren de regreso. Solo permanecían abiertos el hotel frente a la estación, su cantina y su salón de billar, y la oficina del telégrafo a un lado de la plaza. Las casas, en su mayoría construidas sobre el modelo de la compañía bananera, tenían las puertas cerradas por dentro y las persianas bajas. En algunas hacía tanto calor que sus habitantes almorzaban en el patio. Otros recostaban un asiento a la sombra de los almendros y hacían la siesta sentados en plena calle. [...]

Todo había empezado el lunes de la semana anterior, a las tres de la madrugada y a pocas cuadras de allí. La señora Rebeca, una viuda solitaria, sintió a través del rumor de la llovizna que alguien trataba de forzar desde fuera la puerta de la calle.

Gabriel GARCÍA MÁRQUEZ
Los funerales de la Mamá Grande, Plaza & Janés

11 **Analiza la estructura de los siguientes sintagmas nominales del texto de Gabriel García Márquez:**

a) La mujer y la niña.

b) La estación abandonada.

c) La presión de la hierba.

d) El tren de regreso.

e) Su salón de billar.

f) La sombra de los almendros.

12 **Localiza en el último párrafo un ejemplo de aposición explicativa y otro de aposición especificativa.**

13 **Localiza en el texto ejemplos de oraciones impersonales.**

14 **Señala el sujeto de estas oraciones y analiza su estructura en los casos en los que esté expreso:**

a) Solo estaba abierto el salón de billar.

b) Cruzaron la calle hasta la acera.

c) Las oficinas públicas cerraban a las once.

d) Todo había empezado el lunes.

5 El sintagma verbal. El predicado

El núcleo del sintagma verbal

- El **núcleo** del **sintagma verbal (V)** es un **verbo.** En la oración, el **sintagma verbal** cumple siempre la función de **predicado.**
- Las **formas no personales** del verbo son el **infinitivo,** el **gerundio** y el **participio.**
- Existen **tres conjugaciones,** y las **formas verbales** pueden ser **simples** (raíz + desinencias) y **compuestas** (verbo *haber* + el participio del verbo que se conjuga).

Encontrar a personas conocidas esta vez no lo ponía incómodo sino que le divertía, y se apresuraba a saludarlas. Con algunos le hubiera gustado detenerse a intercambiar unas palabras, pero por la calle principal, con sus aceras tan estrechas, con la gente apretujada que empujaba hacia delante, y ahora con la circulación de vehículos mucho más intensa, ya no se podía ni caminar como antes por en medio de la calzada y atravesar la calle por donde se quisiera. En una palabra, el paseo se hacía o demasiado deprisa o demasiado lentamente, sin libertad de movimientos, Amilcare tendría que seguir la corriente o remontarla con esfuerzo; y cuando entreveía una cara conocida apenas tenía tiempo de hacer un gesto de saludo antes de que desapareciera, y no lograba saber si lo habían visto o no. [...]

Amilcare comprendió que nadie lo hubiera reconocido. Las gafas que le hacían visible el resto del mundo, esas gafas de enorme montura negra, a él lo volvían a su vez invisible. ¿Quién hubiera pensado que detrás de aquella especie de antifaz estaba el propio Amilcare Carruga, ausente desde hacía tanto tiempo que nadie esperaba encontrárselo de pronto? Apenas había llegado a formular estas conclusiones cuando apareció Isa.

Italo CALVINO
«La aventura del miope», *en Los amores difíciles*, Tusquets

1 **Analiza las siguientes formas verbales del texto de Italo Calvino, según se indica en el cuadro:**

FORMA VERBAL	PERSONA	NÚMERO	TIEMPO	MODO
ponía				
apresuraba				
hubiera gustado				
tendría				
habían visto				
comprendió				

2 **Clasifica los verbos de la actividad anterior en regulares e irregulares.**

3 **Localiza en el texto anterior formas no personales del verbo.**

Las perífrasis verbales

- El **núcleo** del **sintagma verbal** puede estar representado por una **perífrasis verbal,** que es un **conjunto de formas verbales** que **funcionan** como **unidad.**
- Las **perífrasis** se forman con un **verbo auxiliar conjugado** y un **verbo principal en infinitivo, gerundio** o **participio.** Entre ambos puede aparecer una preposición o una conjunción.
- Las **perífrasis** pueden indicar el **principio, desarrollo** o **fin** de una **acción,** o bien expresar **obligación** o **posibilidad.**

4 **¿En cuáles de las siguientes oraciones aparecen perífrasis verbales? Subráyalas:**

a) Tienes que visitar a tu abuela hoy mismo.

b) Aquí deberían construir una estación de metro.

c) Se echó un rato en el sofá.

d) Debe de haber una parada por aquí cerca.

e) Y entonces el niño se puso a llorar.

f) ¿Podrás ir a la fiesta esta noche?

g) La canción ha sido compuesta por un desconocido.

h) Sigo estudiando en el mismo instituto.

i) Anda contando esa historia por ahí.

j) Hoy ha habido una gran afluencia de público.

k) Ya tengo hecho el trabajo.

l) Estoy viendo el fútbol.

m) Hay que hacer obras en casa.

n) Deben de ser las cinco.

ñ) El premio fue entregado ayer.

o) El proyecto ha echado a andar a pesar de todo.

5 **Clasifica las perífrasis de la actividad anterior en función de las formas no personales con las que están construidas.**

6 **Clasifica las perífrasis que has hallado en la actividad 4 en el siguiente cuadro:**

PRINCIPIO DE LA ACCIÓN	DESARROLLO DE LA ACCIÓN	FIN DE LA ACCIÓN	OBLIGACIÓN	POSIBILIDAD

7 **Construye oraciones con las siguientes perífrasis verbales:**

deber + *de* + infinitivo

llevar + gerundio

tener + participio

tener + *que* + infinitivo

seguir + gerundio

Verbo en voz activa o pasiva

- En el predicado, el **verbo** puede presentarse en **voz activa** o en **voz pasiva.**
- La **voz pasiva** se forma con el **verbo auxiliar *ser*** y con el **participio** del **verbo conjugado.**
- Existen dos **tipos de oraciones pasivas:**
  - Las **oraciones pasivas puras** se construyen con el **verbo** en **voz pasiva.** En estas oraciones, la acción verbal la realiza el **complemento agente,** que adopta la forma de un **sintagma nominal** introducido por la **preposición *por.***
  - Las **oraciones pasivas reflejas** se forman con la **partícula *se*** y el **verbo** en **voz activa.**

8 **Lee las siguientes oraciones y subraya las oraciones pasivas:**

a) El rey de los belgas es apreciado por su pueblo.

b) El azafrán es una especia muy apreciada por los gastrónomos.

c) Ese delincuente ha sido buscado por la Interpol.

d) Está abrumado por sus problemas.

e) El debate será moderado por un periodista de prestigio.

f) El paquete se envió a través de un mensajero.

g) El incendio será controlado en las próximas horas por el servicio de bomberos.

h) Esta película ha sido subvencionada por el ministerio.

i) Sus palabras fueron escuchadas con gran emoción por todo el auditorio.

j) Los cuadros robados han sido hallados esta mañana.

k) Le han concedido un premio por su última novela.

9 **¿Cuáles de las oraciones que has subrayado tienen complemento agente? Rodéalo.**

10 **Transforma en activas las oraciones pasivas de la actividad 8.**

11 **Transforma en pasivas puras las siguientes oraciones pasivas reflejas:**

a) Entonces se me cerraron todas las puertas. →

b) En el barrio se dicen muchas cosas sobre ellos. →

c) En los Mundiales se han batido varios récords. →

d) En la junta se propuso la reforma del portal. →

Aplicación

A los 14 años, el ucranio Ruslan Ponomáriov fue el gran maestro más joven de la historia del ajedrez. A los 18 es el finalista más precoz de un Campeonato del Mundo. Si lo ganase, destrozaría la marca del ruso Gari Kaspárov, quien lo hizo a los 22. Su estilo recuerda mucho al de Anatoli Kárpov, otro ruso, en su juventud: sereno, gélido, extrayendo la esencia de cada posición. Habla poco, pero con ideas claras.

Cierto promotor mediterráneo cuyo nombre no viene al caso quizá se arrepienta ahora de no haber pujado más cuando la familia de Ponomáriov se mostró dispuesta a que Ruslan viniese a España para cambiar de residencia y nacionalidad. [...] Ahora el jugador es apoyado por las autoridades ucranias y ha sido patrocinado por una empresa industrial. Su opinión sobre el ajedrez actual es inusualmente clara en un joven de 18 años: «Si tuviéramos una organización fuerte, se atraería a los patrocinadores y el ajedrez sería más profesional. Ahora hay que mejorar las transmisiones por Internet con comentarios didácticos para el gran público».

En mayo de 2000 Ponomáriov hizo este vaticinio: «No veo nada que me impida ser el primero en tres años». Al paso que va, incluso lo podría lograr uno antes.

El País, 16 de enero de 2002

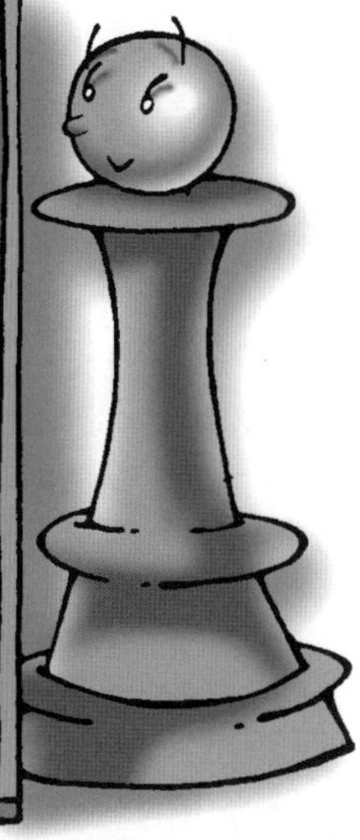

12 **Analiza las formas verbales subrayadas del texto.**

FORMA VERBAL	PERSONA	NÚMERO	TIEMPO	MODO
fue				
ganase				
destrozaría				
recuerda				
se arrepienta				
viniese				
hizo				

13 **¿Cuáles de las formas verbales de la actividad anterior presentan una conjugación irregular?**

14 **Conjuga el pretérito perfecto simple del verbo *venir*.**

15 **Busca en el texto dos ejemplos de perífrasis verbales y di cómo están formadas y de qué tipo son.**

16 **Localiza dos oraciones con el verbo en voz pasiva; cópialas e indica cuál es el complemento agente en cada caso.**

17 **Transforma las oraciones anteriores en voz activa.**

6 El atributo y el complemento predicativo

Adjetivos calificativos y determinativos

- El **adjetivo** es la palabra que **se refiere** a un **sustantivo** para indicar una **cualidad** o una **relación (adjetivo calificativo)** o para **delimitarlo (adjetivo determinativo).**
- El **adjetivo concuerda** en **género** y **número** con el **sustantivo** al que se refiere.
- El **adjetivo calificativo** puede expresar **grado positivo, comparativo** y **superlativo.**

Aquel otoño fue alegre. Hubo una cosecha muy buena en la comarca, y en el mercado de Forks Falls el precio del tabaco se mantuvo firme, aquel año. Después de un largo verano, los primeros días frescos tenían una dulzura limpia y brillante. Crecían florecitas amarillas a los lados de los caminos polvorientos, y la caña de azúcar estaba madura y más rojiza. Todos los días llegaba el autobús de Cheehaw para llevarse a unos cuantos niños pequeños a la escuela comarcal. Por las tardes se elevaban de las chimeneas delicadas columnas de humo, y la luna estaba redonda y de color naranja en el cielo de otoño. No hay paz comparable a la quietud de las primeras noches frías del año. Algunas veces, en las noches sin viento, se podía oír en el pueblo el leve y agudo silbido del tren que pasa por Society City camino del norte lejano.

Carson McCullers
La balada del café triste, Seix Barral

1 **Completa el siguiente cuadro con ejemplos tomados del fragmento de *La balada del café triste:***

ADJETIVOS DETERMINATIVOS	SUSTANTIVOS A LOS QUE SE REFIEREN	ADJETIVOS DETERMINATIVOS	SUSTANTIVOS A LOS QUE SE REFIEREN

2 **Indica a qué sustantivos se refieren los adjetivos calificativos subrayados en el texto y di qué grado expresan:**

- alegre →
- muy buena →
- firme →
- limpia →
- polvorientos →
- madura →
- más rojiza →
- delicadas →
- redonda →
- frías →
- leve →
- lejano →

Estructura del sintagma adjetival

- El **sintagma adjetival** (S Adj) es el **conjunto de palabras** que tiene como **núcleo** un **adjetivo calificativo.**
- El adjetivo **núcleo** del **sintagma adjetival** puede ir **acompañado** de **adverbios, sintagmas nominales con preposición, construcciones comparativas** y **sustantivos** y **adjetivos sin preposición.**

3 **Analiza la estructura de los siguientes sintagmas adjetivales:**

a) Capaz de cualquier cosa.

b) Cercano al campus de la Universidad.

c) Escasamente apropiado para su edad.

d) Adornado con un pequeño ramo de flores.

e) Muy hartos de vosotros.

f) Cubierto con un chubasquero.

g) Merecedor de todos los elogios.

h) Muy útil para este trabajo.

4 **Escribe sintagmas adjetivales que tengan como núcleo los siguientes adjetivos calificativos:**

- alegre →
- capaces →
- distintos →
- bello →
- encantado →
- digna →

5 **Completa las siguientes estructuras con ejemplos de sintagmas adjetivales:**

Adv + Adj Cal

Adj Cal + SN con preposición

Adv + Adj Cal + SN con preposición

Adj Cal + construcción comparativa

Funciones del sintagma adjetival

- El **sintagma adjetival** desempeña las funciones de **adyacente del sustantivo, atributo** y **complemento predicativo.**
- El **atributo (At)** es un **complemento del predicado** que **se refiere** a un **verbo copulativo** (*ser, estar* y *parecer*) y al **núcleo** del **sujeto.**
- El **complemento predicativo (C Pvo)** es un **complemento del predicado** que **se refiere** a un **verbo no copulativo** y a un **sustantivo** o **pronombre** de la oración.
- **Además** del **sintagma adjetival,** puede realizar las **funciones** de **atributo** y **complemento predicativo** un **sintagma nominal con** o **sin preposición.**

6 **Subraya los sintagmas adjetivales de las siguientes oraciones e indica si realizan la función de adyacente de un sustantivo, de atributo o de complemento predicativo:**

a) La vida allí me parecía insoportable. →

b) El suelo es de mármol blanco. →

c) Su cara es más blanca que el azahar. →

d) El perrito se movía libre por la casa. →

e) Pasé largas temporadas allí. →

f) Tengo el corazón contento. →

g) Quedé encantado con la noticia. →

h) Están en el estante los libros viejos. →

i) Vi muy interesante tu propuesta. →

j) Estoy encantada con su actitud. →

7 **Analiza sintácticamente las siguientes oraciones:**

a) Mi hermano lleva demasiado largo el pelo.

b) Estoy muy satisfecho de tus notas.

c) El verano pasó somnoliento en el Lido.

d) Tienes a tu madre contenta.

e) El viento es aire en movimiento.

f) La nombraron alcaldesa por unanimidad.

Aplicación

En la casa de mi abuela paterna, en Fiume, el vestíbulo era amplio y luminoso. Contra una pared se apoyaba una gran mesa de madera maciza con patas extrañas que terminaban en grandes bulbos. Mis dedos recorrían infantiles aquellas curvas y aquellos recovecos, descubriendo nidos secretos de polvo que ni siquiera el riguroso y tal vez excesivo amor de la abuela por la limpieza lograba alcanzar.

Papá y mamá, por motivos económicos, fueron a vivir a casa de la abuela poco tiempo después de mi nacimiento y se quedaron allí dos años. El primer espacio para la aventura de mi vida, pues, el de las exploraciones a gatas en los laberintos domésticos, fue precisamente su vestíbulo, en el cual se me admitía de buena gana puesto que estaba casi desprovisto de adornos.

Incluso después del traslado de mis padres a la calle Angheben, donde permanecí feliz hasta los once años, continué visitando habitualmente a mi abuela, que me quería muchísimo. Era alta, recta y silenciosa. Sus ojos, de párpados abultados, eran dos hendiduras ligeramente curvadas, su boca era fina y dura. Su rostro era suavizado por una nube de cabellos suaves y blancos, con alguna raya amarillenta, recogidos en un moño sobre la nuca.

Marisa MADIERI
Verde agua, Minúscula

8 **Indica qué función realizan los sintagmas adjetivales que aparecen subrayados en el texto.**

9 **Localiza en el texto los adjetivos calificativos que realicen la función de adyacente de un sustantivo.**

10 **Analiza sintácticamente las siguientes oraciones:**

a) En casa de mi abuela, el vestíbulo era amplio y luminoso.

b) Mis dedos recorrían infantiles aquellas curvas.

c) Permanecí feliz hasta los once años.

d) El primer espacio para la aventura fue precisamente su vestíbulo.

7 Los complementos directo, indirecto y de régimen

Los pronombres personales

- Los **pronombres** son palabras que **sustituyen** a los **nombres** o **sustantivos.**
- Los **pronombres personales** sirven para **señalar** a las **personas** que **intervienen** en la **comunicación.**
- Como los sustantivos, los **pronombres personales** pueden indicar **número** y, algunos, **género.**
- La **función** de **sujeto** solo pueden desempeñarla los siguientes **pronombres tónicos:** *yo, tú, usted, él, ella, ello, nosotros, nosotras, vosotros, vosotras, ustedes, ellos, ellas.*

—Puedes ir tú, nosotros te esperamos aquí.

—No se convencerá por lo que yo le hable. Yendo usted en persona y parlándoselo bien, es seguro que no se pierde. En usted tiene fe, pues con lo poquito que le oyó explicar de su enfermedad, ya se tiene por curada, y no le entra más el arrechucho. Con que volvamos, si le parece bien.

—Déjame, déjame que lo piense. [...]

Pensaba Nazarín que iban demasiado bien aquellas penitencias para ser tales penitencias, pues desde que salió de Madrid llovían sobre él las bienandanzas. Nadie le había tratado mal, no había tenido ningún tropiezo; le daban limosna casi siempre que la pedía, y éranle desconocidos el hambre y la sed. Y, a mayor abundamiento, gozaba de preciosa libertad, la alegría se desbordaba en su corazón y su salud se robustecía. Ni un triste dolor de muelas le había molestado desde que se echó a los caminos, y, además, ¡qué ventura no cuidarse del calzado ni de la ropa ni inquietarse por si el sombrero era flamante o viejo, o por si iba bien o mal pergeñado!

Benito PÉREZ GALDÓS
Nazarín, Alianza

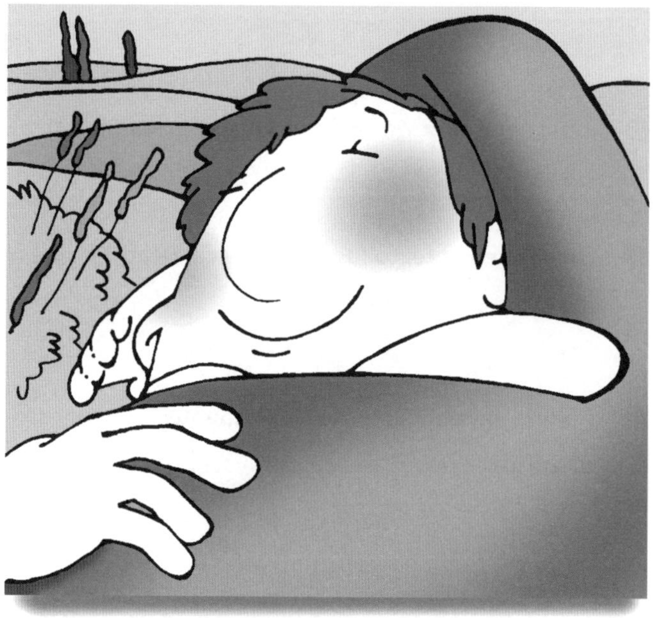

1 **Copia todos los pronombres del texto de Benito Pérez Galdós que van unidos al verbo.**

2 **Localiza todos los pronombres personales del diálogo incluido en el texto anterior y clasifícalos en el cuadro del margen.**

	SINGULAR	PLURAL
1.ª PERSONA		
2.ª PERSONA		
3.ª PERSONA		

3 **¿Cuáles de los pronombres anteriores realizan la función de sujeto en el texto de Benito Pérez Galdós?**

4 **Justifica por qué la palabra subrayada en el texto anterior no es, en este caso, un pronombre.**

5 **Localiza en el texto un pronombre no personal.**

Sintagmas nominales con y sin preposición

- Las **preposiciones *de*** y ***a* se contraen,** en ocasiones, con el **artículo *el*.**
- Los **sintagmas nominales** pueden ir **precedidos de una preposición.**
- En ese caso, la **función sintáctica** viene desempeñada por el **conjunto** de la **preposición** más el **sintagma.**

6 **Las preposiciones son palabras invariables. Completa el cuadro con sus formas:**

A, ante,

7 **Subraya todos los sintagmas nominales precedidos de preposición que halles en el texto de Eugeni D'Ors.**

8 **Indica en qué casos las construcciones anteriores son adyacentes del sustantivo y en cuáles son complementos del verbo.**

En Lisboa, y en vísperas de un embarque, me fue revelado el secreto de los jardines botánicos. El transatlántico había de llevarme a un lejano ultramar. [...] Había fuego en el aire; por ráfagas, conatos de trompetas militares llegaban de algún cuartel vecino. Arriba, se doraba el cielo entre las palmas.

Eugeni D'Ors
Oceanografía del tedio, Tusquets

9 **Analiza estos sintagmas nominales precedidos de preposición:**

a) Con su habitual buen humor.

b) De las opiniones de todo el grupo.

c) Por los caminos de Soria.

d) En las orillas del Sar.

e) A la profesora de música, nuestra tutora.

f) Hasta el fin del mundo.

10 **Construye oraciones en las que los sintagmas anteriores complementen a un sustantivo, a un adjetivo o a un verbo.**

Complemento directo, indirecto y de régimen

- El **complemento directo (CD)** es el **sintagma nominal** que **puede sustituirse** por los pronombres personales átonos ***lo, la, los, las.*** Solo en los casos en los que el complemento se refiere a una **persona** o a un **ser** o **ente personificado** va precedido de la **preposición *a.***
- El **complemento indirecto (CI)** es el **sintagma nominal** introducido por la **preposición *a*** que **puede sustituirse** por los pronombres personales átonos ***le, les.***
- El **complemento de régimen (C Rég)** es un **sintagma nominal precedido** de **preposición,** cuya presencia viene **exigida** por el **verbo.**

11 **Subraya el complemento directo, conmútalo por *lo, la, los* o *las* y transforma la oración en voz pasiva:**

a) He leído con mucho interés la última novela de Juan Marsé.

b) ¿Has visto a la profesora de música esta mañana?

c) Beethoven compuso nueve sinfonías.

12 **Subraya el complemento indirecto de las siguientes oraciones y sustitúyelo por *le, les*:**

a) Llevaron mantas y medicinas a las víctimas del terremoto.

b) El fiscal pidió al juez un aplazamiento de la vista.

c) Nabokov dedicaba todos sus libros a su mujer Vera.

13 **¿En cuáles de las siguientes oraciones hay complementos de régimen? Subráyalos.**

a) Tu nota dependerá del examen final.

b) Vive con dos amigos en un apartamento alquilado.

c) Ese documental trata de los escritores exiliados durante la Guerra Civil.

d) No me había fijado en esa mancha.

14 **Analiza sintácticamente las siguientes oraciones:**

a) Cántale a tu hija su canción preferida.

b) El abuelo nos contó historias de la guerra.

c) Mi jefe carece de sentido del humor.

d) A mi jefe le falta sentido del humor.

Aplicación

Hice dos o tres fotografías por ocupar el tiempo, ya que el fotómetro no me indicó una luminosidad adecuada en todo el recorrido de las calles. En el jardín de don Antonio cortaban el césped con una segadora nueva. María discutía con Leoncio. Rufi cortaba flores en el jardín.

Me acerqué a la piscina. Junto al sumidero del fondo, el cemento se había levantado y el desagüe de hierro estaba fuera de sitio. Tierras, hojas, ramas pequeñas y pequeños charcos de agua negra, convertían la piscina en un estercolero. Olía a hojas podridas y a agua estancada. Las voces de las niñas me indicaron que se encontraban cerca, probablemente sentadas entre los árboles de la parte trasera del chalet.

Me detuve en el sendero de la entrada a examinar la grava. Asun, la mayor de Emilio, me pidió permiso para que Enrique y Dorita se quedasen a comer en casa.

Durante la comida, leí las cartas y el boletín de la Bolsa. Algunas cartas hablaban de las altas temperaturas en Madrid.

Juan GARCÍA HORTELANO
Tormenta de verano, Castalia

15 **Subraya el complemento directo de esta oración y sustitúyelo por el pronombre correspondiente:**

El fotómetro no me indicó una luminosidad adecuada. ➜

16 **Transforma en pasiva la oración de la actividad anterior.**

17 **Subraya el complemento indirecto de esta oración y sustitúyelo por el pronombre correspondiente:**

Durante la comida de ayer, leí las cartas a las niñas. ➜

18 **Busca en el texto tres ejemplos de complemento de régimen.**

19 **Analiza sintácticamente las siguientes oraciones:**

a) Rufi cortaba flores en el jardín.

b) El desagüe de hierro estaba atascado.

c) Cortaban el césped con una segadora nueva.

d) Asun, la hija de Emilio, me pidió permiso.

8 El complemento circunstancial

Clases de adverbios

- El **adverbio** es una **palabra invariable** que **acompaña** a un **verbo,** a un **adjetivo** o a otro **adverbio.**
- Los **adverbios indican circunstancias** de **lugar, tiempo, modo, cantidad, afirmación, negación** y **duda.**
- Los **adverbios** acabados en ***-mente*** se forman a partir de **adjetivos calificativos.**

Los viajes, con sus cambios, afectan singularmente a nuestros sentimientos y emociones. Así a las tres horas de haber partido, mientras el carruaje —tirado por un par de mulas y flanqueado por un caballo que mi padrino destinaba para montura suya— dejaba atrás los volcanes de mi tierra natal y descendía velozmente a la llanura, yo había olvidado ya las lágrimas de mi madre y los besos y abrazos de mis hermanos, y me sentía gozosamente dispuesto ante cualquier novedad, apreciando con sorpresa placentera las modificaciones del color del terreno, los distintos cultivos, la forma y el tamaño de los árboles y el color de los vestidos de los escasos seres humanos que recorrían el paisaje. [...]

Uno de ellos, tras contemplarme fijamente y enjugarse con el mandil la frente sudorosa, me preguntó:

—¿No habéis visto pasar corriendo a un grumete?

Yo no contesté nada. Desconcertado por su tratamiento, me había puesto de pie y me sacudía la arena de los fondillos.

—Nos ha robado un capón, el maldito —añadió el hombre—. Ha tomado un capón y ha huido como el rayo.

José M.ª Merino
El oro de los sueños, Alfaguara

1 **Localiza los adverbios del texto de José M.ª Merino y clasifícalos en el siguiente cuadro. Completa las casillas que queden vacías con adverbios que correspondan a las clases indicadas:**

LUGAR	TIEMPO	MODO	CANTIDAD	AFIRMACIÓN	NEGACIÓN	DUDA

2 **Di si los adverbios que has hallado en el texto complementan a un verbo, a un adjetivo o a otro adverbio.**

3 **Busca en el texto ejemplos de otras palabras invariables:**

PREPOSICIONES	CONJUNCIONES

Estructura del sintagma adverbial

- El **sintagma adverbial (S Adv)** es el **conjunto de palabras** que tiene como **núcleo** un **adverbio.**
- El adverbio **núcleo** del **sintagma adverbial** puede ir **acompañado** por **sintagmas nominales** (con o sin preposición) y por otros **adverbios.**

4 Localiza los sintagmas adverbiales de las siguientes oraciones y analiza su estructura:

a) He dejado las llaves encima de la mesa.

b) El tigre se acercó muy lentamente a su presa.

c) Después de la reunión habrá un almuerzo.

d) Has llegado demasiado lejos.

e) Bastante gente vive lejos de las ciudades.

f) Los domingos se levanta muy temprano.

g) Detrás de esa colina hay un bosque muy frondoso.

h) Muchos estudiantes son hoy dirigentes políticos.

5 Escribe sintagmas adverbiales que tengan como núcleo los siguientes adverbios:

- ahora →
- lejos →
- bien →
- detrás →
- despacio →
- ayer →
- antes →
- después →
- cerca →
- hoy →

6 Completa las siguientes estructuras con ejemplos de sintagmas adverbiales:

- Adv
- Adv + Adv
- Adv + SN con preposición
- Adv + Adv + SN con preposición
- Adv + Prep + Adv
- Locución adverbial

Funciones del sintagma adverbial

- El **sintagma adverbial** desempeña las **funciones** de **complemento del adjetivo, complemento del adverbio** y **complemento circunstancial.**
- El **complemento circunstancial** (CC) es un **complemento del predicado** que indica la **circunstancia** en la que se realiza la **acción verbal. Además** del **sintagma adverbial,** pueden realizar esta **función** los **sintagmas nominales** (con o sin preposición).
- Las **locuciones adverbiales** son **grupos inseparables de palabras** que **funcionan** como un **adverbio.** Desempeñan, en general, la función de complementos circunstanciales del verbo.

7 **Subraya los complementos circunstanciales de las siguientes oraciones:**

a) Compré un apartamento muy cerca del trabajo.

b) Habitualmente hacemos el viaje de un tirón.

c) Me he comprado esta tarde unos pantalones.

d) Los franceses cocinan con mantequilla.

e) Te lo he pedido por las buenas.

f) De noche todos los gatos son pardos.

g) El público aplaudió a rabiar a los actores.

h) Ayer llovió intensamente.

i) Por eso allí ya no vive nadie.

j) Pasa siempre sus vacaciones en Menorca.

k) Acudía con sus hijos al parque día tras día.

8 **Clasifica los complementos circunstanciales de las oraciones de la actividad 7 en el siguiente cuadro:**

SINTAGMAS NOMINALES		SINTAGMAS ADVERBIALES	LOCUCIONES ADVERBIALES
Con preposición	Sin preposición		

9 **Explica el significado de las locuciones adverbiales que hayas encontrado en las oraciones anteriores.**

10 **Analiza sintácticamente las siguientes oraciones:**

Compré un apartamento muy cerca del trabajo.

Hicimos el viaje de un tirón.

Aplicación

Como allá no se podía dormir por el frío, Ossorio se puso a contemplar el campo por la ventana. Se veía una llanura extensa, sombría, con matorrales como puntos negros y charcos helados en los cuales rielaba la claridad de la noche; lejos se distinguía un encadenamiento de colinas que se contorneaban en el cielo oscuro, iluminado por la luna rota, torpemente.

Pronto, la diligencia, que había quedado detrás de la tartana, comenzó a acercarse a ella; se vio la luz entre las rendijas de la lona que cerraba el carricoche; se oyó el campanilleo de los caballos que se fueron acercando, y, por último, un toque de bocina; el cochero dirigió la tartana a un lado del camino, y la diligencia pasó delante, iluminando con su luz la carretera. [...] La diligencia iba ganando terreno, alejándose, alejándose cada vez más. El aire entraba por la ventanilla y dejaba a los viajeros ateridos. Fernando trataba en vano de sujetar el trapo que cerraba la ventana sin cristal, y viendo que no lo podía conseguir, se ponía la capa encima del sombrero.

Pío BAROJA
Camino de perfección, Las Americas Publishing Co.

⓫ **Localiza todos los adverbios del texto de Pío Baroja y clasifícalos en el siguiente cuadro:**

LUGAR	TIEMPO	MODO	CANTIDAD	AFIRMACIÓN	NEGACIÓN	DUDA

⓬ **Busca en el texto un ejemplo de locución adverbial y explica su significado.**

⓭ **Analiza sintácticamente las siguientes oraciones:**

a) Vio la luz entre las rendijas de la lona.

b) La diligencia había quedado detrás de la tartana.

c) El cochero dirigió la tartana a un lado del camino.

d) En la diligencia, el aire dejaba a los viajeros ateridos.

e) Fernando ponía la capa encima del sombrero.

f) La diligencia avanzaba muy rápidamente.

9 Clases de oraciones simples

Modalidades oracionales

Según la **actitud del hablante,** las **oraciones se clasifican** de la siguiente manera:

- **Oraciones enunciativas.** El emisor **enuncia** una **idea** o un **hecho afirmándolo** (enunciativas **afirmativas**) o **negándolo** (enunciativas **negativas**).
- **Oraciones interrogativas.** El emisor **espera** una **respuesta** del receptor. Las interrogativas pueden ser **totales** o **parciales** y **directas** o **indirectas.**
- **Oraciones exclamativas.** El emisor **expresa** sus **emociones** o **afectos.**
- **Oraciones imperativas.** El emisor **expresa** un **mandato** o **ruego.**
- **Oraciones desiderativas.** El emisor **manifiesta** un **deseo.**
- **Oraciones dubitativas.** El emisor **expresa duda.**

Pasó los primeros veinte años de su vida en un circo, corriendo de un sitio a otro, y nunca, en todos aquellos años, pisó la misma ciudad dos veces. ¿Alguna vez había habido algún otro circo que hubiese errado tan desmesuradamente? [...]

El circo cerró cuando él tenía veinte años. Ante esto, se convirtió en funcionario en las oficinas de una compañía de ferrocarriles. Nunca, en veinte años, salió de la ciudad que había elegido; cada día revisaba, corregía y decidía horarios de viajes, sin ningún tipo de añoranza. Él, que había recorrido medio planeta antes de los veinte años, se pasó veinte más encerrado entre una casa silenciosa y una oficina férrea, a la que iba por el mismo camino. [...] Desde muy pronto perdió no solo la capacidad de reaccionar contra la rutina que empezaba a comérselo, sino (lo que es más grave) la capacidad de evocar de día. En cambio, cada noche soñaba con detallismo de artesano una vida paralela que no era sino la repetición de su misma vida con veinte años de retraso. Fue así como (soñando como soñaba cada noche con el día de veinte años atrás) cuando cumplió los cuarenta soñó que el circo cerraba y él elegía hacerse sedentario.

Quim MONZÓ
Ochenta y seis cuentos, Anagrama (Adaptación)

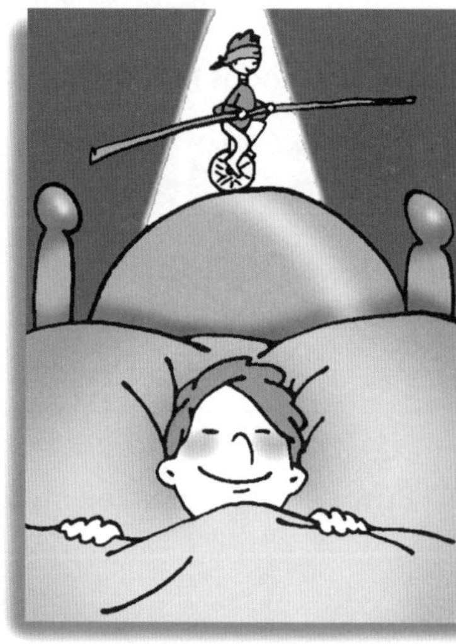

1 **Indica a qué modalidades pertenecen las oraciones que aparecen subrayadas en el texto anterior.**

2 **¿Qué modalidades no aparecen en el texto de Quim Monzó? Escribe un ejemplo con cada una de ellas.**

3 **Relaciona las siguientes oraciones con la modalidad que les corresponda:**

No pises la misma ciudad dos veces.	**Enunciativa**
A lo mejor viene mañana.	**Imperativa**
¿Cerró aquel viejo circo?	**Desiderativa**
Así consigas todos tus sueños.	**Dubitativa**
¡Menuda sorpresa nos diste!	**Interrogativa**
Él se convirtió en funcionario.	**Exclamativa**

Complementos del predicado

- El **núcleo** del **predicado** puede ser un **verbo copulativo** (*ser, estar* o *parecer*) o **predicativo** (el resto de los verbos).
- En el predicado, el **verbo** aparece **solo** o **acompañado** por **complementos:**
  - **Complemento directo:** SN, Pron, *a* + SN (CD de persona).
  - **Complemento indirecto:** *a* + SN, Pron.
  - **Complemento circunstancial:** S Adv, SN, Prep + SN.
  - **Complemento de régimen:** Prep + SN.
  - **Complemento agente:** *por* + SN.
  - **Atributo:** S Adj, SN, Prep + SN.
  - **Complemento predicativo:** S Adj, SN, Prep + SN.

4 **Construye una oración en la que los siguientes sintagmas realicen las funciones indicadas:**

mi libro preferido	Sujeto →
	Complemento directo →
muy contentos	Atributo →
	Complemento predicativo →
esta tarde	Sujeto →
	Complemento circunstancial →
por ellos	Complemento agente →
	Complemento de régimen →
al médico de pueblo	Complemento directo →
	Complemento indirecto →

5 **Clasifica en el cuadro los sintagmas subrayados y di qué función realizan en la oración:**

a) <u>Cerca de este pueblo</u> hay una ermita del siglo XIII. →

b) Me arrepiento <u>de mis desagradables comentarios</u>. →

c) <u>Por tu culpa</u> ha sido <u>bastante accidentado</u> este viaje. →

d) Durante tres años viví <u>muy tranquila</u> en esa casa. →

e) El documental trata <u>del ciclo del agua</u>. →

f) El centro del paseo estaba <u>repleto de coches</u>. →

PREPOSICIÓN + SINTAGMA NOMINAL	SINTAGMA ADJETIVAL	SINTAGMA ADVERBIAL

Clases de oraciones según su estructura sintáctica

➜ Según su **estructura sintáctica,** las **oraciones se clasifican** de la siguiente manera:

- **Oraciones impersonales** (carecen de sujeto).
- **Oraciones activas** (el sujeto realiza la acción del verbo) y **pasivas** (el sujeto sufre o padece la acción verbal). Las **oraciones pasivas** pueden ser **puras** (verbo en voz pasiva) o **reflejas** (verbo en voz activa y partícula *se*).
- **Oraciones atributivas** (verbo copulativo y atributo) y **predicativas** (verbo no copulativo).
- **Oraciones transitivas** (con complemento directo) e **intransitivas** (sin complemento directo).

6 Escribe un ejemplo de cada uno de los siguientes tipos de oraciones:

- Impersonal. ➜
- Pasiva. ➜
- Atributiva. ➜
- Transitiva. ➜
- Intransitiva. ➜

7 Clasifica las siguientes oraciones según su estructura sintáctica.

a) Contemplaba yo absorto el cuadro.

b) Está en Madrid el presidente de Honduras.

c) El cielo parecía un inmenso lago.

d) Fernando y Laura se han comprado un piso.

e) Este asunto no ha sido investigado por ningún científico hasta el momento.

f) Hace un tiempo espléndido.

g) Se ofrecerán becas a los alumnos con mejores notas.

8 Analiza sintácticamente las siguientes oraciones e indica de qué tipo son:

a) En Cuenca hay un museo de arte abstracto.

b) Me pareció muy oportuno tu comentario.

Aplicación

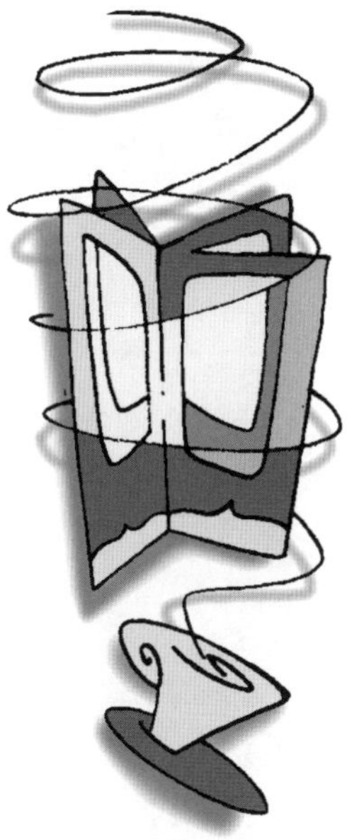

La puerta giratoria del Café de Artistas da vueltas sobre su eje. La puerta giratoria del Café de Artistas, al dar vueltas y más vueltas sobre su eje, hace un ruido mimoso, amoroso, doloroso. En la puerta giratoria del Café de Artistas hay cuatro esclusas, cuatro estaciones; si los poetas son delgaditos y espiritados, hasta pueden caber dos en cada pozo amargo, en cada cangilón de noria. [...] La puerta giratoria del Café de Artistas tiene un cepillito al borde, de abajo arriba, para que no se escapen al frío de la calle los malos pensamientos. La puerta del Café de Artistas es una bonita imagen, algo semejante a un bonito hallazgo al que se puede estrujar y estrujar hasta sacarle todo el partido posible. El Café de Artistas está lleno de aleccionadores, de sobrecogedores hallazgos.

—Han sido convocados unos Juegos Florales en Palencia. Flor Natural y tres mil pesetas. Tema: «Patria y Poesía». Extensión: de cien a ciento cincuenta versos.

La poesía también está llena de enternecedores hallazgos.

Camilo José CELA
Café de artistas, Salvat

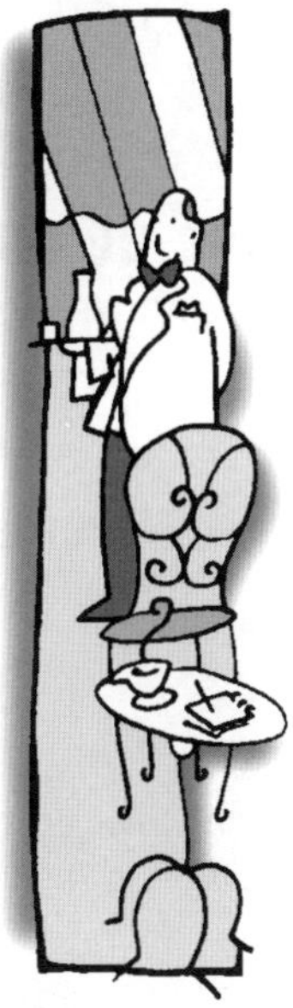

9 **¿Qué modalidad presenta la última oración del texto de Cela? Transfórmala en una oración interrogativa.**

10 **Localiza un ejemplo de cada uno de los siguientes tipos de sintagmas:**

- SN →
- S Adj →
- S Adv →

11 **Analiza las siguientes oraciones extraídas del texto anterior e indica de qué tipo son sintácticamente.**

a) La puerta giratoria del Café de Artistas da vueltas sobre su eje. →

b) En la puerta giratoria hay cuatro esclusas. →

c) El café está lleno de aleccionadores hallazgos. →

d) Han sido convocados unos Juegos Florales en Palencia. →

10 La coordinación

Tipos de conjunciones

- Las **conjunciones** son **palabras invariables** que **enlazan** otras **palabras** en la oración, incluidas las **formas verbales.**
- Las **conjunciones** pueden ser **coordinantes** *(y, e, ni, o, u, pero, sino, aunque...)* o **subordinantes** *(porque, como, si, que...).*

Estábamos en el octavo día de mi avería en el desierto y había escuchado la historia del mercader bebiendo la última gota de mi provisión de agua.

—¡Ah! —dije al principito—. Tus recuerdos son bien lindos, pero todavía no he reparado mi avión, no tengo nada para beber y yo también sería feliz si pudiera caminar muy suavemente hacia una fuente.

—Mi amigo el zorro... —me dijo.

—Mi pequeño hombrecito, ¡ya no se trata más del zorro!

—¿Por qué?

—Porque nos vamos a morir de sed...

No comprendió mi razonamiento y respondió:

—Es bueno haber tenido un amigo, aunque vayamos a morir. Yo estoy muy contento de haber tenido un amigo zorro...

«No mide el peligro —me dije—. Jamás tiene hambre ni sed. Un poco de sol le basta...»

Pero me miró y respondió a mi pensamiento:

—Tengo sed también... Busquemos un pozo...

Antoine DE SAINT-EXUPÉRY
El principito, Alianza

1 **Rodea todas las conjunciones que aparecen en el texto anterior. A continuación, señala las conjunciones de las siguientes oraciones e indica si enlazan oraciones o sintagmas.**

a) Estábamos en el desierto y había escuchado la historia del mercader. →

b) Tus recuerdos son bien lindos, pero todavía no he reparado mi avión. →

c) Jamás tiene hambre ni sed. →

2 **Enlaza las siguientes oraciones por medio de distintas conjunciones:**

Se dio prisa. Llegó tarde.	Salió. No lo vio.

Sintagmas coordinados

- En ocasiones, los **sintagmas** pueden aparecer **coordinados** por medio de una **conjunción.**
- Los **sintagmas coordinados desempeñan** siempre la **misma función sintáctica.**

3 **Rodea los sintagmas que aparezcan coordinados en las siguientes oraciones, subraya la conjunción que sirve de enlace e indica el tipo de sintagmas que une.**

a) Es muy pobre pero honrado.

b) Solía contarnos cuentos maravillosos y leyendas a la luz de la lumbre.

c) ¿Esa contestación equivale a un sí o a un no?

d) Aquí y allí, corrían rumores sobre sus orígenes.

e) Ni Juan ni tú llegasteis a tiempo para el examen.

f) ¿Has hecho un regalo a María o a su hermana pequeña?

g) En clase estás siempre distraído o despistado.

h) Me gustan el cine de terror y el teatro clásico.

i) La gasolinera más cercana no está ni muy cerca ni muy lejos.

j) Los actores son personas muy interesantes pero bastante egocéntricas.

4 **Indica qué función sintáctica cumplen los sintagmas que has rodeado en la actividad anterior.**

a) Función sintáctica. →

b) Función sintáctica. →

c) Función sintáctica. →

d) Función sintáctica. →

e) Función sintáctica. →

f) Función sintáctica. →

g) Función sintáctica. →

h) Función sintáctica. →

i) Función sintáctica. →

j) Función sintáctica. →

5 **Completa los bocadillos de las viñetas con sintagmas coordinados:**

Clases de proposiciones coordinadas

- La **oración compuesta** está **constituida** por **dos o más proposiciones,** es decir, por **más de una estructura sujeto-predicado.**
- Las **proposiciones** pueden mantener entre sí dos tipos de **relaciones sintácticas:** la **coordinación** y la **subordinación.**
- Las **proposiciones compuestas por coordinación** se sitúan en el **mismo nivel sintáctico** y **pueden funcionar** de **forma independiente.**
- Las **proposiciones coordinadas** pueden ser **copulativas** *(y, e, ni),* **disyuntivas** *(o, u),* **adversativas** *(pero, sino, mas, aunque),* **explicativas** *(es decir, esto es, o sea)* y **distributivas** *(bien... bien, tan pronto... como, ya... ya).*

6 **Indica si las siguientes oraciones son simples o compuestas:**

a) Uno de los viajeros se quedó en la ciudad, pero su acompañante se marchó. →

b) El actor tenía un andar de largas y lentas pisadas. →

c) Unas veces caminaba lentamente; otras, cruzaba velozmente el escenario. →

d) Tengo que andar todos los días una hora. →

e) Me dijo que estaba escribiendo un ensayo. →

7 **Indica cuáles de las oraciones de la actividad anterior están compuestas por coordinación. ¿Qué tipo de coordinación presentan?**

8 **Rodea el nexo e indica qué tipo de coordinación existe en las oraciones siguientes:**

a) Su voz se oía lejana, pero sus palabras se entendían perfectamente. →

b) Ni hace demasiado frío ni ha llovido todavía ningún día. →

c) Por las tardes, voy al gimnasio o me quedo en casa estudiando. →

d) El texto tiene una estructura bimembre, es decir, puede dividirse en dos partes. →

e) Tan pronto la gente conversaba animadamente como se hacía un enorme silencio. →

9 **Analiza las siguientes oraciones compuestas por coordinación:**

a) ¿Vendrás en autobús o cogerás el coche en Valencia?

b) En nuestra caseta encontrará las últimas novedades editoriales y los autores firmarán ejemplares.

Aplicación

Yo no sé por qué, pero esas melodías sentimentales, repetidas hasta el infinito, al anochecer, en el mar, ante el horizonte sin límites, producen una tristeza solemne.

A veces, el viejo instrumento tiene paradas, sobrealientos de asmático; a veces, la media voz de un marinero lo acompaña; a veces también, la ola que sube por las gradas de la escalera del muelle, y que se retira después con estruendo, oculta las notas del acordeón y de la voz humana; pero luego aparecen nuevamente, y siguen llenando con sus giros vulgares y sus vueltas conocidas el silencio de la tarde del día de fiesta, apacible y triste.

Y mientras el señorío del pueblo torna del paseo; mientras los mozos campesinos terminan el partido de pelota, y más animado está el baile en la plaza y más llenas de gente las tabernas y las sidrerías; mientras en las callejuelas, negruzcas por la humedad, comienzan a brillar debajo de los aleros salientes las cansadas lámparas eléctricas, y pasan las viejas, envueltas en sus mantones, al rosario o la novena, en el negro quechemarín, en el patache cargado de cemento, sigue el acordeón lanzando sus notas tristes, sus melodías lentas, conocidas y vulgares, en el aire silencioso del anochecer.

Pío BAROJA
Paradox, rey, Espasa Calpe

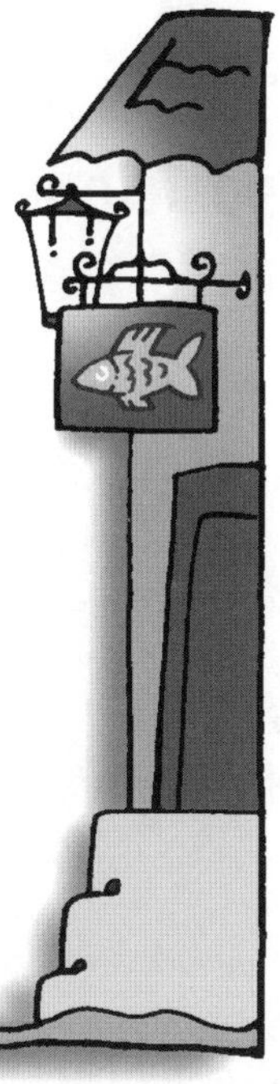

10 **Analiza sintácticamente las siguientes oraciones compuestas por coordinación:**

a) Están llenas de gente las tabernas y las sidrerías y en las callejuelas comienzan a brillar las luces.

b) El acordeón es un instrumento alegre, pero esas melodías sentimentales producen una tristeza solemne.

c) A veces, el viejo instrumento tiene paradas; a veces, la media voz de un marinero lo acompaña.

d) En las callejuelas brillan debajo de los aleros las lámparas eléctricas, y pasan las viejas al rosario o la novena.

11 **Fíjate en los nexos que enlazan las proposiciones de la actividad 1 e indica el tipo de coordinación que presentan.**

11

Subordinadas adjetivas y sustantivas

Proposiciones subordinadas

- Las **proposiciones subordinadas** se integran dentro de otras proposiciones, en las que desempeñan una **función sintáctica.** Las **subordinadas** pueden ser **sustantivas, adjetivas** o **adverbiales.**
- Los **nexos** que introducen las **proposiciones subordinadas adjetivas** son los **determinantes relativos** *(cuyo, cuya, cuyos, cuyas)*, los **pronombres relativos** *(que, el que, la que, lo que, los que, las que, el cual, la cual, lo cual, los cuales, las cuales, quien, quienes, cuanto, cuanta, cuantos, cuantas)* y los **adverbios relativos** *(donde, cuando, como).*
- Los **nexos** que introducen las **proposiciones subordinadas sustantivas** son las **conjunciones** ***que*** y ***si*** y los **pronombres** y **adverbios interrogativos** *(quién, cómo...).*

Yo nací en Ávila, la vieja ciudad de las murallas, y creo que el silencio y el recogimiento casi místico de esta ciudad se me metieron en el alma nada más nacer. No dudo de que, aparte otras varias circunstancias, fue el clima pausado y retraído de esta ciudad el que determinó, en gran parte, la formación de mi carácter. [...]

Comencé a vivir, a los diez años, en casa de don Mateo Lesmes, mi profesor. Me acuerdo perfectamente, como si lo estuviera viendo, del día que mi tutor me presentó a él.

Ignoro las calles que recorrimos hasta llegar a la placita silente donde habitaba don Mateo. Era una plaza rectangular con una meseta en el centro, a la que se llegaba merced al auxilio de tres escalones de piedra. En la meseta crecían unos árboles gigantescos que cobijaban bajo sí una fuente de agua cristalina, llena de rumores y ecos extraños.

Del otro lado de la plaza, cerraba sus confines una mansión añosa e imponente, donde un extraño relieve, protegido por una hornacina, hablaba de hombres y tiempos remotos; hombres y tiempos idos, pero cuya historia perduraba amarrada a aquellas piedras milenarias.

Miguel DELIBES
La sombra del ciprés es alargada, Destino

1 **Explica cuál de los *que* subrayados en el texto de Miguel Delibes es pronombre relativo y cuál es conjunción.**

2 **Señala los relativos de las siguientes oraciones y clasifícalos en el cuadro inferior:**

a) Fue el clima de esta ciudad el que determinó la formación de mi carácter.

b) Me acuerdo del día que mi tutor me presentó a él.

c) Ignoro las calles que recorrimos hasta llegar a la placita silente donde habitaba don Mateo.

d) Hablaba de hombres y tiempos idos, cuya historia perduraba.

PRONOMBRES RELATIVOS	DETERMINANTES RELATIVOS	ADVERBIOS RELATIVOS

Proposiciones subordinadas adjetivas y sustantivas

➜ Las **proposiciones subordinadas adjetivas (P S Adj)** se **refieren** siempre a un **sustantivo** y su nexo se puede sustituir por *el cual, la cual, los cuales, las cuales.*

➜ Las **proposiciones subordinadas sustantivas (P S Sust)** pueden sustituirse por un **sintagma nominal** o por los **pronombres** ***esto*** o ***eso.***

3 **Sustituye todas las proposiciones que aparecen subrayadas en las siguientes oraciones por sintagmas nominales o adjetivales e indica que función realizan dichos sintagmas:**

a) Me irrita <u>que te comportes de esa manera</u>. ➜

b) Hasta las personas <u>que no se cansan</u> tienen un límite. ➜

c) Penélope esperaba, tejiendo, <u>que Ulises regresara</u>. ➜

d) Me preguntó <u>si me llamaba Ana</u>. ➜

e) Ese es el hermano <u>que es más pequeño</u>. ➜

f) El equipo <u>que gane el partido</u> pasa a las semifinales. ➜

4 **Clasifica ahora las proposiciones subrayadas de la actividad anterior según sean subordinadas sustantivas o subordinadas adjetivas:**

SUBORDINADAS SUSTANTIVAS	SUBORDINADAS ADJETIVAS

5 **Indica la función que realizan los sintagmas subrayados en las siguientes oraciones; sustitúyelos por proposiciones subordinadas sustantivas o adjetivas y di, en cada caso, de qué tipo son:**

a) Me llevé de la tienda los muebles <u>más baratos</u>. ➜

b) Me alojaron en una habitación <u>muy pequeña</u>. ➜

c) ¿No te han comunicado <u>el nacimiento del hijo de nuestros vecinos</u>? ➜

d) Al entrar en la sala de reuniones, noté <u>la desconfianza de mis compañeros</u>. ➜

e) No he podido secar las toallas <u>húmedas</u>. ➜

f) Desde la cocina, escuché <u>la conversación entre los dos</u>. ➜

g) Es evidente <u>vuestro cansancio</u>. ➜

Funciones de las subordinadas adjetivas y sustantivas

- Las **subordinadas adjetivas** forman parte de un sintagma nominal y cumplen la **función de adyacente del sustantivo.** El **sustantivo** o **pronombre** al que se **refiere** la **subordinada adjetiva** recibe el nombre de **antecedente.**
- Las **subordinadas adjetivas** pueden ser **especificativas** (seleccionan rasgos del antecedente) o **explicativas** (informan de cualidades que posee el antecedente); en este último caso suelen figurar entre comas.
- Las **subordinadas sustantivas** desempeñan **funciones propias** de los **sintagmas nominales:** sujeto, aposición, complemento directo, complemento indirecto, complemento de régimen, atributo, adyacente de un sustantivo, de un adjetivo o de un adverbio.

6 **Subraya las proposiciones subordinadas adjetivas e indica cuál es su antecedente.**

a) Las noticias que han llegado no son muy buenas. →

b) Me acompañó a la oficina de correos donde habíamos certificado la carta. →

c) He leído estudios que aconsejan la práctica diaria de ejercicio. →

d) El coche, que había alquilado esa misma mañana, no tenía gasolina. →

e) Por fin terminó la jornada, que había sido agotadora. →

7 **Clasifica las subordinadas adjetivas de la actividad anterior según sean especificativas o explicativas:**

SUBORDINADAS ADJETIVAS ESPECIFICATIVAS	SUBORDINADAS ADJETIVAS EXPLICATIVAS

8 **¿Qué función realizan las proposiciones subordinadas adjetivas en las oraciones de la actividad 6?**

9 **Señala las proposiciones subordinadas sustantivas de las siguientes oraciones y di cuál es la función sintáctica que desempeñan en la oración:**

a) Es cierto que no he estudiado demasiado. →

b) El jurado estaba convencido de que el acusado era inocente. →

c) ¡No me digas que no vienes a la fiesta de cumpleaños! →

d) Confío en que resolváis vuestros problemas civilizadamente. →

e) No sé si Javier Marías ha publicado ya su última novela. →

10 **Localiza la oración interrogativa indirecta de la actividad anterior y transfórmala en interrogativa directa.**

→

Aplicación

Balbadiou conocía todas esas historias. Sobre todo conocía una leyenda que se oía repetidas veces entre quienes habían estado tan lejos. Decía que en aquella isla se producía la seda más bella del mundo. Lo hacían desde hacía más de mil años, según ritos y secretos que habían alcanzado una mística exactitud. Balbadiou pensaba que no se trataba de una leyenda, sino de la pura y simple verdad. Una vez había tenido entre sus dedos un velo tejido con hilo de seda japonés. Era como tener la nada entre los dedos. Así, cuando parecía que todo se iba al diablo por aquella historia de la pebrina y de los huevos enfermos, lo que pensó fue: «Esa isla está llena de gusanos de seda. Y una isla a la que en doscientos años no han conseguido llegar ni un comerciante chino ni un asegurador inglés es una isla a la que no llegará nunca ninguna enfermedad».

No se limitó a pensarlo: se lo dijo a todos los productores de seda de Lavilledieu, después de haberlos convocado en el café de Verdun.

—¿Tendremos que atravesar el mundo para ir a comprar unos huevos como Dios manda a un lugar donde si ven a un extranjero lo ahorcan?

[...] No sabían qué pensar. A alguno se le ocurrió alguna objeción.

—Habrá algún motivo por el cual a nadie en el mundo se le ha ocurrido ir hasta allí a comprar los huevos.

Alessandro BARICCO
Seda, Anagrama

⑪ **Subraya las proposiciones subordinadas e indica si son sustantivas o adjetivas:**

a) Conocía una leyenda que se oía repetidas veces. ➔

b) Decía que en aquella isla se producía la seda más bella del mundo. ➔

c) Balbadiou pensaba que no se trataba de una leyenda. ➔

d) Parecía que todo se iba al diablo. ➔

⑫ **Indica la función sintáctica que realizan las subordinadas en cada una de las oraciones de la actividad 1.**

✏

✏

✏

✏

⑬ **Busca en el texto de Alessandro Baricco otros ejemplos de proposiciones subordinadas adjetivas introducidas por pronombres o adverbios relativos. ¿Cuál es su antecedente en cada caso?**

✏

✏

✏

✏

✏

⑭ **Localiza en el texto un ejemplo de interrogativa indirecta.**

12 Subordinadas adverbiales

Subordinadas adverbiales de tiempo, modo y lugar

- Algunas **proposiciones subordinadas adverbiales** desempeñan la **función** de **complemento circunstancial.**
- Las **proposiciones subordinadas adverbiales** de **tiempo** sitúan **cronológicamente** la **acción** expresada por el **verbo principal.** Los **nexos** que las introducen son *cuando, mientras, después de que, antes de que...*
- Las **proposiciones subordinadas adverbiales** de **modo** indican la **manera** como se desarrolla la **acción** expresada por el **verbo principal.** Funcionan como **nexos** de estas subordinadas los adverbios *como, según...*
- Las **proposiciones subordinadas adverbiales** de **lugar** indican el **lugar** donde se desarrolla la **acción** expresada por el **verbo principal.** Van introducidas por los nexos *donde, por donde, de donde...*
- Las **subordinadas adverbiales** de **tiempo, modo** y **lugar** admiten la **sustitución** por un **adverbio.**

Nuestro proyecto sigue en pie. Cuando empiece el buen tiempo, nos iremos. Esto será así: yo cogeré a Remo e iré con él hasta la Cabaña Abandonada del Bosque, donde yo solo sé. Ya he fabricado un plano muy claro, y él lo estudia a conciencia. Donde está la Cabaña Abandonada he puesto una cruz bien clara, roja, para que no se pierda. Pero él lo entiende muy bien. Es el hombre más listo que he conocido. Y se puede hablar con él de todo. [...] A veces pienso que el Polizón podría ser el padre que no he conocido. Quién sabe... Yo debo tener sangre de marino. No soy ni campesino, ni gitanillo, ni príncipe abandonado, como imaginan las tías. Yo tengo sangre de marino. [...]

Polizón ha aceptado que nos acompañe Contramaestre, porque sin él, yo no me iría nunca. Otra cosa es Almirante Plum y Tina. Me da un poco de pena pensar en dejar a Tina, pero en el fondo me alegra dejar algo a las tías, cuando yo me vaya. [...]

Es tarde, todos duermen, y me creen en la cama. Pero todas las noches, después de que termina la «caza del ladrón», yo trepo al «Ulises» a escribir mi diario.

Ana M.ª MATUTE
El polizón del Ulises, Lumen

1 **Copia todos los adverbios que aparecen en el texto de Ana M.ª Matute e indica si complementan al verbo, a un adjetivo o a otro adverbio.**

2 **Sustituye el adverbio de la siguientes oraciones por una proposición subordinada adverbial:**

a) Esto será así. →

b) Ya he fabricado un plano. →

c) Él lo entiende muy bien. →

3 **Localiza en el texto tres subordinadas adverbiales de tiempo, una subordinada adverbial de modo y dos subordinadas adverbiales de lugar. Indica, en todos los casos, qué nexos las introducen.**

Subordinadas comparativas, causales y consecutivas

- Las **proposiciones adverbiales comparativas** establecen una **relación de igualdad, superioridad** o **inferioridad** entre un elemento de la principal y lo afirmado en la subordinada. Los **nexos** que introducen estas subordinadas son **fórmulas correlativas:** *tanto... como, más / menos... que...*
- Las **proposiciones adverbiales causales** expresan la **causa** por la que tiene lugar la **acción verbal**. Las causales van introducidas por los **nexos** *porque, ya que, puesto que...*
- Las **proposiciones adverbiales consecutivas** expresan una **consecuencia** de la **acción verbal.** Los **nexos** que introducen estas subordinadas son *por consiguiente, por lo tanto, así que...*

4 **Subraya las proposiciones subordinadas adverbiales de las siguientes oraciones y rodea sus nexos:**

a) Eso le hacía feliz porque le traía buenos recuerdos.

b) Nuestra nueva casa tiene tantas habitaciones como tenía la de mis padres.

c) Como el avión llevaba retraso, no llegamos a tiempo a la ópera.

d) Puesto que estaba solo, se llevó las llaves de casa.

e) No había ido nunca a un estreno, así que ese ambiente le resultaba extraño.

f) Esa casa nos gusta porque tiene habitaciones amplias.

g) Hacemos la compra por Internet porque es más cómodo.

h) Escucho la radio tanto como tú ves la televisión.

i) Puesto que ya te tienes que ir, zanjemos esta cuestión.

j) Han subido los precios; por consiguiente, debemos apretarnos el cinturón.

k) Ahora leo más el periódico que antes lo hacía.

l) La tertulia se celebraba en ese café porque tenía calefacción.

m) Mi hermano jugaba al fútbol tan bien como yo jugaba al baloncesto.

n) No hay pruebas contra él; por lo tanto, no pueden condenarlo.

ñ) El hostal «Miseria» era casi tan inmundo como su nombre prometía.

5 **Clasifica en el cuadro las subordinadas adverbiales de la actividad anterior:**

ADVERBIALES CAUSALES	ADVERBIALES COMPARATIVAS	ADVERBIALES CONSECUTIVAS

Subordinadas condicionales, concesivas y finales

- Las **proposiciones subordinadas condicionales** expresan una **condición** para que tenga lugar lo que se dice en la **proposición principal**. Los **nexos** que las introducen son *si, en el caso de que, a condición de que…*
- Las **proposiciones subordinadas concesivas** presentan un **obstáculo** para la realización de la **acción principal**. Estas proposiciones van introducidas por los **nexos** *aunque, a pesar de que…*
- Las **proposiciones subordinadas finales** indican la **finalidad** con la que se desarrolla la **acción principal**. Los **nexos** habituales de estas proposiciones son *para que, con el fin de que, a que…*

6 Subraya las proposiciones subordinadas adverbiales de las siguientes oraciones y rodea sus nexos:

a) Aunque su padre había imaginado para él un brillante porvenir como médico, Arturo eligió la literatura.

b) Vacunaron a todos los animales de la granja para evitar los daños de las epidemias.

c) Si me lo hubieran preguntado, habría contestado con un sí.

d) Se reunieron para decidir el calendario de exámenes.

e) Iría si me lo pidieran con antelación.

f) Podía imaginar el significado de esas palabras aunque desconociera su idioma.

g) Para que algo ocurra, hay que desearlo.

h) A pesar de que eran gemelos, nadie los confundía.

i) Llámame en el caso de que no vayas a venir.

j) Con el fin de evitar aglomeraciones, se ha facilitado un teléfono de consulta.

k) Con tal de aprobar ese examen, soy capaz de cualquier cosa.

l) Dejaban siempre una luz encendida para que su hijo no tuviera miedo.

m) Me desenvolví perfectamente en París aunque no sé francés.

n) Yo os dejaré la casa a condición de que la dejéis en perfecto estado.

7 Clasifica en el cuadro las subordinadas adverbiales de la actividad anterior:

ADVERBIALES CONDICIONALES	ADVERBIALES CONCESIVAS	ADVERBIALES FINALES

Aplicación

Una tarde, arrodillado junto a la mesa camilla como era su costumbre, el viejo Eloy decidió visitar a Pacheco, el óptico. El viejo Eloy alimentaba el prejuicio de que el día que no se arrodillaba durante media hora después de la comida se le retrasaba la digestión. A los 70 años cumplidos, el viejo Eloy observaba sus propias normas para discurrir por la vida y si alguien le contradecía él apelaba a la razón y la experiencia para defenderlas. La primera vez que la Desi le sorprendió de rodillas en la sobremesa la muchacha cerró la puerta azorada. El voceó: «¡Pasa, pasa hija, no estoy rezando!». La chica no dijo nada, pero en todo el tiempo no le quitó los ojos de encima y recordó con un escalofrío de terror al Apolinar, que se chaló porque el campo lo asfixiaba y en la ciudad no se le ofrecía ninguna proporción.

Sin embargo, a su amigo Isaías, el viejo Eloy le decía que era razonable que el hombre hiciera mejor la digestión de rodillas que de pie porque en aquella postura el estómago permanecía más próximo al centro de la tierra y en consecuencia la gravedad tiraba de los alimentos con más fuerza.

Miguel DELIBES
La hoja roja, Salvat

8 **Localiza en el texto un ejemplo de oración compuesta por coordinación y otro por subordinación.**

9 **Busca en el texto una oración que incluya una subordinada adverbial condicional.**

10 **Localiza ahora una subordinada adverbial causal.**

11 **Localiza las subordinadas adverbiales de las siguientes oraciones y rodea el nexo que las introduce; ¿qué tipo de adverbiales son?**

a) Se arrodilló como era su costumbre. →

b) El viejo Eloy observaba sus propias normas para discurrir por la vida. →

c) Apolinar se chaló porque el campo lo asfixiaba. →

d) Después de comer se le retrasaba la digestión. →

e) El viejo tenía setenta años; por tanto, no admitía consejos. →

f) Eloy visitaba a Pacheco porque eran amigos. →

g) Hacía la digestión según era su costumbre. →

12 **Sustituye por adverbios las proposiciones de la actividad anterior que lo admitan.**

OXFORD
UNIVERSITY PRESS

Parque Empresarial San Fernando, Edificio Atenas
28830 San Fernando de Henares (Madrid)

Oxford University Press es un departamento de la Universidad de Oxford. Como parte integrante de esta institución, apoya y promueve en todo el mundo sus objetivos de excelencia y rigor en la investigación, la erudición y la educación, mediante su actividad editorial en:

Oxford Nueva York
Auckland Bangkok Buenos Aires Chennai Ciudad de México
Ciudad del Cabo Dar es Salaam Delhi Estambul Hong Kong Karachi
Kolkata Kuala Lumpur Madrid Melbourne Mumbai Nairobi
São Paulo Shanghai Taipei Tokio Toronto

Material didáctico para la etapa de Educación Secundaria Obligatoria, segundo ciclo, tercer curso, para el área de Lengua castellana y Literatura, elaborado según el proyecto editorial de Oxford Educación, que ha sido debidamente supervisado y autorizado.

Publicado en España por Oxford University Press España, S. A.

ISBN: 84-8104-729-5
Depósito Legal: M-36479-2002
Impreso en España por Artes Gráficas Coyve, S. A.
Avenida de Córdoba, 21
28026 Madrid

El uso de la tilde en este libro sigue las indicaciones señaladas por la RAE en su *Ortografía de la lengua española* (1999).

AUTORES
M.ª Teresa Bouza Álvarez, José Manuel González Bernal, Ana Lahera Forteza, Alicia Romeu Rodríguez

ASESORÍA Y REVISIÓN TÉCNICA
Antonio Quilis

COORDINACIÓN DEL PROYECTO EDITORIAL
Concepción Pérez Galán

EDICIÓN
Arancha Méndez Pérez, Concepción Pérez Galán

CORRECCIÓN DE ESTILO
Mar García Mesuro, José M.ª Sotillos Martín

COORDINACIÓN GRÁFICA
Purificación Fernández López

DISEÑO DE CUBIERTA E INTERIORES
Departamento de Diseño de Oxford Educación

MAQUETACIÓN
Departamento de Maquetación de Oxford Educación
Discript Preimpresión, S. L.

ILUSTRACIÓN DE CUBIERTA
Rosa Anna Crespo

ILUSTRACIÓN DE INTERIORES
Rosa Anna Crespo

AGRADECIMIENTOS
Editoriales y publicaciones periódicas: Alfaguara, Alianza, Anagrama, Austral, Castalia, Destino, Edhasa, *El País,* Espasa Calpe, Las Américas Publishing Co., Lumen, Minúscula, Plaza y Janés, Salvat, Seix Barral, Tusquets